CHAMBRE DE COMMERCE DE LYON

(SÉANCE DU 23 OCTOBRE 1902)

RESPONSABILITÉ

DES

COMPAGNIES DE CHEMINS DE FER

(Modification de l'article 103 du Code de commerce)

Rapport de M. G. LYONNET

LYON

IMPRIMERIE ET LITHOGRAPHIE DU SALUT PUBLIC

71, Rue Molière, 71

—

1902

RESPONSABILITÉ

DES

COMPAGNIES DE CHEMINS DE FER

(Modification de l'article 103 du Code de commerce)

Rapport de M. G. LYONNET

LYON

IMPRIMERIE ET LITHOGRAPHIE DU SALUT PUBLIC

71, Rue Molière, 71

—

1902

RESPONSABILITÉ

DES

COMPAGNIES DE CHEMINS DE FER

(Modification de l'article 103 du Code de commerce)

Rapport de M. G. LYONNET

Dans la séance du vingt-trois octobre mil neuf cent deux, où se trouvent réunis :

M. J. Coignet, *vice-président ;*

MM. Payen, Testenoire, Lignon, Favre, Carret, Lyonnet, Richard, Chavent, Paufique, Pila, Chambeyron, *trésorier,* et Vindry, *secrétaire ;*

M. G. Lyonnet présente le rapport suivant, au nom de la Commission des travaux publics et des transports :

Messieurs,

L'article 103 du Code de commerce relatif à la responsabilité du voiturier est ainsi conçu :

« Le voiturier est garant de la perte des objets à transporter, hors le cas de la force majeure. Il est garant des avaries autres que celles qui proviennent du vice propre de la chose ou de la force majeure. »

Et l'article 107 ajoute :

« Les dispositions contenues dans le présent titre sont communes aux maîtres de bateaux, entrepreneurs de diligence ou de voitures publiques. »

Ces dispositions sont, on le voit, bien antérieures à la création des chemins de fer. Nul ne pouvait se douter à cette époque de la révolution économique qui résulterait de la création de ce nouveau mode de transport ; et pourtant, pendant longtemps, le commerce n'a pas connu d'autre loi que l'article 103 du Code de commerce.

Mais les compagnies de chemins de fer, désireuses de donner des facilités au commerce en accordant des prix de transport plus réduits que ceux qui étaient fixés par leur cahier des charges, concessions qui devaient amener par la facilité des échanges un trafic considérable de marchandises, ont créé, en dehors du tarif général toujours régi par l'article 103 précité, des tarifs spéciaux à prix réduits dont l'influence bienfaisante devait avoir des résultats aussi heureux pour le commerce et l'industrie que pour les compagnies, mais en demandant en même temps des atténuations à leur responsabilité et une prolongation des délais de transport.

Ces tarifs spéciaux jouent aujourd'hui un rôle si considérable qu'il n'est pas téméraire d'affirmer que les neuf dixièmes des marchandises sont transportées aux conditions de ces tarifs.

Cependant, dès l'origine de la création des tarifs spéciaux, les compagnies y ont introduit une clause qui a toujours soulevé les réclamations du commerce.

La compagnie, disait un renvoi inséré dans tous les tarifs spéciaux, n'est pas responsable des déchets et des avaries de route. Cette clause léonine, qui paraissait garantir les compagnies contre toute responsabilité, semble contraire à l'ordre public, mais elle était cependant licite aux termes de l'article 98 du Code de commerce, qui s'exprime ainsi au sujet des obligations du voiturier :

« Il est garant des avaries ou pertes de marchandises et effets, s'il n'y a stipulation contraire dans la lettre de voiture, ou force majeure. »

Jusqu'en 1874 cependant, les plaintes ne furent pas trop vives, et ainsi que notre Chambre l'a indiqué dans une de ses précédentes délibérations, les litiges s'arrangeaient facilement, même sans l'intervention des tribunaux, par le seul fait que le fardeau de la preuve de l'avarie était toujours mis à la charge du transporteur, suivant une jurisprudence commerciale confirmée par la Cour suprême.

Les tribunaux consulaires s'appuyaient sur l'article 103 du Code de commerce et aussi sur l'article 1784 du Code civil qui rendent le voiturier responsable des choses qui lui sont confiées, à moins qu'il ne prouve qu'elles ont été perdues ou avariées par cas fortuit, force majeure ou vice propre de la chose.

L'année 1874 marque, à ce point de vue, une date néfaste pour le commerce, car la jurisprudence de la Cour de cassation fut modifiée par un arrêt du 4 février 1874, et dès lors, dans le cas d'application des tarifs spéciaux, le fardeau de la preuve fut renversé et mis à la charge du transporté (expéditeur ou destinataire).

Cet arrêt, que nous avons qualifié de néfaste, a eu les plus graves conséquences pour le commerce qui n'a, dans aucun cas, les éléments suffisants pour prouver la faute des compagnies.

Il en est résulté, depuis lors, de nombreux procès qui n'ont servi qu'à aigrir le public et qui ont été le point de départ des projets de loi que nous avons déjà examinés plusieurs fois et du projet Rabier qui est soumis de nouveau aux délibérations de notre Chambre et qui est ainsi conçu :

Ajouter à l'article 103 du Code de commerce la disposition suivante :

« Toute clause contraire insérée dans toute lettre de voiture, tarif ou « autre pièce quelconque est nulle. »

Cette proposition de loi, élaborée et soumise aux délibérations du Parlement par M. Rabier et un certain nombre de députés, a connu déjà plusieurs législatures ; elle a fait l'objet de nombreux rapports, de plusieurs discussions, et la Chambre des députés l'a adoptée, après déclaration de l'urgence, dans sa séance du 21 mars 1902.

Le Sénat, auquel cette proposition a été renvoyée, a nommé une Commission spéciale à laquelle les compagnies de chemins de fer ont remis un mémoire que le président de cette Commission a adressé à toutes les Chambres de commerce de France, en sollicitant leur avis.

Avant d'entrer dans les détails de la proposition de loi votée par la Chambre des députés, il nous paraît utile de mentionner que le Gouvernement s'est toujours opposé à son adoption pure et simple ; qu'il a cherché à donner une satisfaction, au moins partielle, au commerce par deux projets de loi déposés sur le bureau de la Chambre des députés par MM. Jonnart et Yves Guyot, ministres des Travaux publics, projets qui n'ont jamais été discutés, et par les arrêtés du 27 octobre 1900 qui ont introduit dans les conditions d'application des tarifs spéciaux les articles 31 et 32 de la Convention de Berne, supprimant la clause d'irresponsabilité absolue des compagnies. Nous rappellerons encore que cette proposition a été votée par la Chambre des députés, en l'absence de M. le Ministre des Travaux publics, dans une des dernières séances de la dernière législature, alors que M. le Ministre avait demandé à être entendu.

Nous ajouterons enfin que la Chambre de commerce de Lyon, par de nombreuses délibérations, a repoussé le principe trop absolu de la proposition et qu'elle s'est ralliée aux projets de loi de MM. Jonnart et Yves Guyot, et plus récemment aux dispositions édictées par les arrêtés du 27 octobre 1900, tout en demandant que la porte restât ouverte aux nouvelles améliorations que la pratique des choses pourrait commander, parce que le texte de l'article 31 de la Convention de Berne lui semblait obscur et prêter à des arguties que l'expérience seule pouvait faire découvrir.

En même temps que notre Chambre était consultée par la Commission sénatoriale, elle était sollicitée par la Chambre de commerce d'Orléans d'appuyer le projet de loi en question et elle recevait encore deux communications importantes émanant : la première, de la *Mutuelle Transport*, organe d'un groupe important d'industriels et de commerçants, qui se montrent opposés à l'application du projet de loi ; et la seconde, de l'Office des Transport des Chambres de commerce du Sud-Est qui approuve, en principe, le projet de loi, mais en y apportant certains adoucissements.

De tout temps, c'est le renversement de la preuve mise à la charge du destinataire ou de l'expéditeur qui a été la cause principale des plaintes du commerce.

Le transporté, ainsi que notre Chambre l'a dit souvent, n'a pas les moyens de suivre la marchandise en cours de route ; l'accès des gares lui est interdit, même pour voir charger ou décharger la marchandise confiée aux soins des compagnies, à moins qu'il ne s'agisse de vagons complets chargés ou déchargés par lui ; mais si dans ce dernier cas seulement le commerçant pouvait apporter un semblant de preuve basé uniquement sur le manque de réserve faite par les compagnies, il ne pouvait, néanmoins, préciser les faits qui auraient pu, en cours de route, déterminer, d'une manière précise, la faute imputable aux compagnies.

Il faut ajouter, cependant, que les compagnies, en accordant des abaissements de taxes pour les tarifs spéciaux, avaient le droit de se prévaloir d'avantages particuliers de nature à dégager, dans une certaine mesure, leur responsabilité.

Sans nous reporter à l'article 98 précité du Code de commerce, il y a lieu de tenir compte, comme le disait notre collègue M. Duc, des conditions spéciales dans lesquelles sont effectués les transports par les tarifs spéciaux, et de rechercher une formule qui attribue certaines franchises aux compagnies en sauvegardant, dans une juste mesure, les intérêts du transporté.

En fait, la théorie absolue de la non responsabilité si vivement combattue par notre Chambre, disparut non pas par une loi, mais par de simples arrêtés ministériels pris d'accord avec les compagnies de chemins de fer.

C'est la solution que préconisait notre Chambre dans sa délibération du 26 mars 1896.

Il n'est pas besoin d'une loi, disait-elle, qui modifie l'article 103 du Code de commerce, l'intervention du ministre des Travaux publics doit être suffisante pour fixer une limite à la non responsabilité des compagnies. Il importe donc de savoir si les arrêtés intervenus ont garanti suffisamment les destinataires contre les prétentions des compagnies.

Il apparaît, par les réclamations postérieures aux décrets du 27 octobre 1900, que les compagnies, loin de donner raison aux arguments que M. Colson, dans son remarquable rapport au Comité consultatif a fait valoir en leur faveur, cherchent, au contraire, à éluder les nouvelles dispositions pour s'en tenir presque strictement aux anciens errements.

Le contentieux des compagnies repousse, presque systématiquement, toute appréciation qui porterait atteinte à la non responsabilité, et, malheureusement, les tribunaux apprécient différemment cette question.

Pour ne parler que du paragraphe 2, M. Colson indiquait dans son rapport que si un expéditeur remettait à une compagnie une machine bien emballée et arrivant cassée, la preuve de l'avarie n'incomberait plus au destinataire, mais à la compagnie, et c'est le contraire qui se passerait aujourd'hui, du moins, le contentieux des compagnies l'apprécie de cette manière, et certains tribunaux semblent partager cette opinion en se basant sur la clause *in fine* de l'article 31 de la Convention de Berne : « Si eu égard aux circonstances de « fait, l'avarie a pu provenir d'une des causes sus-mentionnées, il y aura « présomption que l'avarie a pu résulter de l'une de ces causes, à moins que « l'ayant droit n'établisse le contraire. »

L'addition à la fin de chaque paragraphe de la clause « en temps que l'avarie est résultée... », a apporté une atténuation à la non responsabilité des compagnies, mais le dernier paragraphe que nous venons de citer, dont le texte est aussi obscur, du reste, que le texte tout entier de l'article 31 de la

Convention de Berne, augmente la confusion et, comme le dit l'Office des Transports, est menaçant pour le public.

Il ne nous paraît pas cependant qu'il faille, dès maintenant, abandonner l'expérience qui se fait en ce moment pour se cantonner dans la responsabilité des compagnies en tout et pour tout.

Il y aurait lieu de craindre, nous l'avons dit, que les compagnies se déclarent dégagées des conditions de prix accordées par leurs tarifs spéciaux sur leur initiative, concessions faites par elles, sous l'empire des conditions actuelles de responsabilité et il pourrait en résulter des procès dont on ne peut présager l'issue. Mais en admettant même que les Compagnies acceptent, pour leurs tarifs spéciaux, les effets résultant du vote de la loi Rabier, il est à craindre que dans beaucoup de cas elles ne se montrent moins bien disposées à faire au commerce de nouvelles concessions sur les prix de transport, spécialement pour les marchandises sujettes à avaries et lorsque leur responsabilité pourra courir des risques sérieux.

Les tarifs spéciaux accordent des réductions de prix souvent considérables sur le tarif général, et c'est un fait à signaler que certaines industries consultées à ce sujet, nous citerons notamment la fabrication des objets en fonte moulée ou les avaries de casse sont les plus nombreuses, préfèrent ces réductions à l'application du tarif général avec ses conséquences plus sévères pour les compagnies. Nous avons vu récemment qu'elles acceptent une clause nouvelle qui exonérerait les compagnies de toutes responsabilités moyennant qu'elles ramèneraient sans frais au point de départ les objets cassés ou avariés; notre Chambre n'a admis cette clause que si elle est facultative pour l'expéditeur.

Cet exemple prouve bien que le commerce attache une grande importance aux réductions qui lui sont accordées par les tarifs spéciaux et qu'il préfère courir certains risques plutôt que de les voir supprimer.

Il serait préférable d'améliorer la situation actuelle avec le concours des compagnies sans recourir aux mesures extrêmes.

Nous repousserons donc, tout d'abord, la proposition de la Chambre de commerce d'Orléans, tendant à l'adoption pure et simple de la loi Rabier.

Nous nous trouvons ensuite en présence des propositions de la Mutuelle-Transports et de l'Office des Transports dont les conclusions tendent à supprimer le renversement de la preuve.

La Mutuelle-Transports repousse absolument le projet de loi Rabier et propose une formule nouvelle, soit pour l'article 103 du Code de commerce, soit pour l'application des conventions des tarifs spéciaux.

En dehors de la question du retard que nous n'avons pas à examiner en ce moment, elle propose d'ajouter à cet article : « il est tenu de réparer le préjudice direct causé par la perte, le retard et l'avarie. »

« Toute clause d'irresponsabilité absolue insérée dans les conventions ou dans les tarifs spéciaux est nulle. »

Le premier paragraphe proposé nous semble inutile : « si le voiturier est garant de la perte ou de l'avarie », c'est dire qu'il est tenu de réparer le préjudice causé par la perte ou l'avarie.

La rédaction du deuxième paragraphe, beaucoup plus libérale que le projet Rabier, par l'introduction du mot *absolu*, nous paraît préférable ; elle laisse la porte ouverte à une clause de responsabilité atténuée ; mais la jurisprudence actuelle, basée sur le renversement de la preuve, n'en sera pas modifiée, ce qui n'est pas le but que se propose cette association.

Mais la nouvelle rédaction que la Mutuelle-Transport propose à la place du dernier paragraphe de l'article 31 de la Convention de Berne, ferait tomber cette objection. Voici le texte de cette proposition :

« Lorsque le chemin de fer excipera de l'irresponsabilité prévue par les paragraphes précédents, il devra prouver que l'avarie résulte de l'une des causes libératoires sus-mentionnées. »

C'est à cette manière de voir que l'Office des Transports donne son approbation, sans, du reste, en avoir été saisi directement par la Mutuelle Transports.

L'Office des Transports a procédé à une étude sérieuse de la question, sur la demande de plusieurs Chambres de commerce ; l'analyse qu'il a faite, soit des délibérations d'un certain nombre de Chambres de commerce, soit des délibérations du Comité consultatif et du rapport de M. Colson, l'amènent à cette conclusion : c'est que le but à atteindre n'est pas le vote du projet de loi soumis à l'approbation du Sénat, projet dont le principe ne lui paraît pas incompatible avec les atténuations que les compagnies ou que le commerce peuvent désirer ; mais il demande, dans tous les cas, que la preuve du vice propre soit à la charge des compagnies.

La note remise au Sénat par les compagnies, pour s'opposer au projet de loi voté par la Chambre, est très développée ; elle ne contient pas moins de douze pages de texte ; nous l'analyserons brièvement.

Les compagnies font, dans la première partie, l'historique de la situation actuelle ; elles exposent les améliorations qu'elles ont consenties, les concessions qu'elles ont faites relativement à la clause de non responsabilité inscrite antérieurement dans leurs tarifs spéciaux ; elles se prévalent des avis de M. Pelletan, qui, dans sa proposition de loi sur les tarifs (1893), laissait la preuve à la charge du réclamant dans un certain nombre de cas, où la nature même des choses fait présumer que l'avarie n'est pas du fait des compagnies ; elles citent aussi l'exposé des motifs des projets de loi de M. Yves Guyot et de M. Jonnart : « l'intérêt du public, autant que l'équité, oblige à apporter certains tempéraments à la présomption légale qui rend les compagnies responsables... »

Les compagnies insistent sur ce fait, que les clauses nouvelles (art. 31 et 32 de la Convention de Berne) ont été insérées après un accord intervenu entre elles et le gouvernement, sur la proposition d'une Commission prise dans le sein du Comité consultatif, sur le rapport favorable de M. Colson au Comité consultatif, et de M. Pérouse, au ministre des Travaux publics.

Mais la note des compagnies ne s'en tient pas là, la seconde partie envisage la situation qui résulterait de l'adoption de ce projet de loi. Si les compagnies maintiennent leurs tarifs spéciaux, ce serait de nombreux procès, des procès dont le nombre serait incalculable pour préciser les cas différents d'exonération, de responsabilité, résultant du vice propre de la chose (nature de la marchandise, conditions d'emballage, nature du matériel employé au transport, etc...), afin d'arriver à fixer une jurisprudence.

Les compagnies paraissent navrées de l'obligation qui leur sera imposée de faire tous ces procès qui, disent-elles, causeraient au public des pertes de temps, des dépenses et des surprises apportant une gêne énorme dans la vie commerciale et industrielle du pays, et qui occasionneraient aux compagnies des dépenses qui retomberaient à la charge du budget de l'Etat, par le jeu de la garantie d'intérêt, et aussi à la charge des budgets des départements et des communes, par l'intermédiaire des lignes d'intérêt local subventionnées ou même garanties par les départements et les communes et auxquelles la loi s'appliquerait tout autant qu'aux grands réseaux.

Enfin, les compagnies envisagent l'éventualité de la suppression, ou tout au moins de la modification, de tous les tarifs spéciaux actuellement établis avec les clauses de responsabilité de la Convention de Berne.

Elles déclarent, du reste, qu'elles ne les supprimeraient pas, mais qu'elles modifieraient les tarifs spéciaux visant les transports donnant lieu à des avaries fréquentes (liquides, fonte moulée, verrerie, produits chimiques, etc.).

Les compagnies affirment leurs droits de retirer tous les tarifs spéciaux, soit les propositions actuellement soumises à l'homologation, soit les tarifs en vigueur, en menaçant le commerce de relèvements de prix pour les tarifs actuels et pour les tarifs soumis à l'homologation, et en les prévenant que dans les tarifs à venir, elles limiteraient leurs concessions à un taux plus élevé que celles qu'elles feraient avec la situation actuelle.

Pour tous ces motifs, les compagnies rejettent ce projet de loi.

La première partie de cette note est conforme aux avis que notre Chambre a émis à ce sujet dans ses précédentes délibérations, aussi nous n'y reviendrons pas.

Dans la seconde partie, les compagnies ont tort, à notre avis, d'exagérer les menaces à l'égard du commerce, mais nous retiendrons surtout de leur démonstration, la responsabilité qui incomberait à l'état par le jeu de la garantie d'intérêt et subsidiairement aux départements et aux communes.

C'est un argument peu digne des grandes compagnies investies d'un monopole unique dans notre pays, car il est certain qu'elles n'ont qu'une ambition, c'est celle de ne pas recourir à cette garantie d'intérêt qui n'a été imposée par les conventions de 1883 que parce que le gouvernement était persuadé, qu'après l'exécution des grands travaux votés à cette époque, les compagnies trouveraient bientôt une situation prospère qui les amènerait, au contraire, après avoir remboursé cette garantie d'intérêt à partager leurs bénéfices avec l'Etat; l'argument est donc déplacé.

Il est aussi déplacé en ce qui concerne les engagements des départements et des communes.

Les meilleurs arguments qu'elles invoquent, c'est le contrat qui s'est établi entre elles et le public, et l'atténuation des responsabilités qui a été accordée par les décisions homologatives en échange de prix plus réduits.

Les procès ne seraient pas certainement très nombreux, au moins au point de vue du droit des compagnies, de retirer ou de modifier leurs tarifs spéciaux, mais si les compagnies obtenaient gain de cause, il pourrait y avoir un trouble considérable dans le commerce et l'industrie.

La Commission des transports a étudié avec soin ces avis, mais notre Chambre désirerait surtout voir régler à l'amiable ces questions sans qu'il fût besoin de l'intervention du législateur.

D'une part, les compagnies ont le plus grand intérêt à accepter une réglementation nouvelle qui, sans léser leurs intérêts, donnerait satisfaction au commerce en acceptant résolument les charges que leur qualité de transporteur leur impose, celle de prouver, en cas d'avaries des marchandises confiées à leur soin, que l'avarie a pu provenir de la faute des expéditeurs ou du vice propre de la chose ; elles éviteraient ainsi, non seulement de nombreux procès, mais des revendications qui se traduisent par le projet que nous examinons, et qui vont plus loin encore pour certains esprits absolus, qui excipent de ces réclamations pour aboutir à des projets de rachat. Un peu de libéralisme de la part des compagnies mettrait à néant ces propositions.

Notre Chambre de commerce ne reviendra pas sur les déclarations qu'elle a émises à ce sujet.

En principe, les compagnies sont responsables des avaries survenues aux marchandises qui leur sont confiées, et à ce point de vue il serait désirable que l'article 30 de la Convention de Berne, qui indique cette responsabilité, fût inscrit dans les conditions d'application des tarifs spéciaux, avant l'article 31 de cette Convention.

Il y a lieu, pour les marchandises transportées aux conditions des tarifs spéciaux, d'accorder certaines franchises aux compagnies en raison des prix concédés et de la prolongation des délais de route qui peuvent être, pour certaines marchandises, une cause naturelle d'avarie.

Nous ferons cependant une réserve au sujet des marchandises déclassées sans conditions de tonnage par les tarifs spéciaux. Nous ne cesserons de répéter qu'il y a une véritable injustice à leur appliquer une clause restrictive de responsabilité quelqu'elle soit.

Si la classification commune n'existait pas, ces marchandises seraient déclassées par chaque compagnie au tarif général, car le report dans les tarifs spéciaux, avec la sérification actuelle, a simplement rétabli, dans la plupart des cas, les tarifs de transport dont ces marchandises jouissaient antérieurement aux tarifs kilométriques de 1885.

L'insertion, qui a été faite, de l'article 31 de la Convention de Berne dans les conditions d'application des tarifs spéciaux, constituerait un régime acceptable, mais sous la condition que le texte en fût amélioré dans la mesure que l'expérience pourrait réclamer, et, en premier lieu, comme le demandait notre regretté collègue M. Mangini, par la suppression du dernier paragraphe de l'article 31.

Celui-ci serait avantageusement remplacé par la proposition de la Mutuelle Transports, qui, en mettant la preuve à la charge des compagnies, détruirait tous les arguments invoqués en faveur du projet de loi dont nous sommes saisis.

Il y a cependant des cas spéciaux, que les compagnies connaissent mieux que personne, que l'on pourrait désigner clairement, par espèces, pour lesquels la présomption de la faute resterait à la charge de l'expéditeur.

En résumé, la Commission des transports émet les avis suivants :

1º Il est équitable de maintenir le principe que certains avantages peuvent être attribués aux compagnies dans les tarifs spéciaux pour les marchandises qui y sont inscrites, sous la condition d'un certain tonnage, en échange des réductions de prix de transport consentis au commerce ;

2º Nous insistons de nouveau pour que les marchandises voyageant sans conditions de tonnage soient, dans tous les cas, régies par l'article 103 du Code de commerce ;

3º Les modifications à apporter à la définition de la responsabilité atténuée des compagnies doivent être faites par des arrêtés ministériels pris d'accord avec les compagnies, et non pas par voie législative.

4º L'article 30 de la Convention de Berne, qui précise la responsabilité des compagnies, en dehors des exceptions prévues par les articles 31 et 32, serait utilement inscrit dans les conditions communes d'application des tarifs spéciaux ;

5º Le dernier paragraphe de l'article 31 devrait être modifié de manière à mettre, en principe, la preuve de la cause de l'avarie à la charge des compagnies, sauf dans certains cas limitativement déterminés ;

6º Et si les compagnies se refusaient à de nouvelles concessions amiables et que l'intervention du législateur fût nécessaire pour vaincre leur résistance, nous demandons que la loi proposée tienne compte des desiderata que nous venons d'exprimer.

Tels sont les vœux que votre Commission des transports soumet à votre approbation.

Ce rapport entendu, et à la suite d'une discussion générale à laquelle prennent part MM. Vindry, Lyonnet, Coignet, Chambeyron, Carret et Lignon,

LA CHAMBRE DE COMMERCE DE LYON,

Déclare l'adopter en ses termes et conclusions, le transforme en délibération et décide qu'il sera adressé à M. le Ministre du commerce, de l'industrie, des postes et des télégraphes et à M. le Ministre des travaux publics.

Le Secrétaire,

P. VINDRY

LYON

IMPRIMERIE DU *SALUT PUBLIC*

71, RUE MOLIÈRE, 71